Gute Umgangsformen

Christa
Koppensteiner

Übungsbausteine für den Unterricht zur Förderung
der Sozialkompetenz

ab Klasse 3

BRIGG Pädagogik

Gute Umgangsformen

Hinweis

In diesem Buch wurde zugunsten des Leseflusses und der Einfachheit im gesamten Text die männliche Form verwendet. Diese männliche Form gilt stellvertretend für beide Geschlechter.

Gedruckt auf umweltbewusst gefertigtem, chlorfrei gebleichtem und alterungsbeständigem Papier.

1. Auflage 2009
Nach den seit 2006 amtlich gültigen Regelungen der deutschen Rechtschreibung
© by Brigg Pädagogik Verlag GmbH, Augsburg
Alle Rechte vorbehalten.

Originalausgabe: Bildungsverlag Lemberger
A-1170 Wien, www.lemberger.at

Layout: Florian Frauendorfer, Wien

ISBN 978-3-87101-**455**-0   www.brigg-paedagogik.de

Inhalt

Einführung

Wissenswertes für Lehrer und Lehrerinnen 5
Hinweise zur Benutzung 6
Wissens-Quiz-Spiele® nach Birkenbihl 6
Arbeitsblatt: Einführung: Gute Umgangsformen 8

Baustein 1 Höfliches Benehmen

Arbeitsblatt 1: Wissensquiz 10
Lösungen zu Arbeitsblatt 1 11
Arbeitsblatt 2: Höfliches und unhöfliches Verhalten 14
Arbeitsblatt 3: Höfliches und unhöfliches Verhalten 15
Arbeitsblatt 4: Bildergeschichte: Verhalten in öffentlichen Verkehrsmitteln 16
Arbeitsblatt 5: Geschichte: Höfliches Verhalten bei anderen zu Hause 17
Rollenspiele 20

Baustein 2 Hilfsbereitschaft

Arbeitsblatt 1: Wissensquiz 22
Lösungen zu Arbeitsblatt 1 23
Arbeitsblatt 2: Wer ist hilfsbereit und wer nicht? 24
Arbeitsblatt 3: Bildergeschichte: Mithelfen 25
Arbeitsblatt 4: Geschichte: Hilfsbereites Verhalten 26
Rollenspiele 28

Baustein 3 Umgang mit Streit

Arbeitsblatt 1: Wissensquiz 30
Lösungen zu Arbeitsblatt 1 31
Arbeitsblatt 2: Bildergeschichte: Petzen 32
Arbeitsblatt 3: Geschichte: Konflikte lösen 33
Arbeitsblatt 4: Fragebogen: Wutauslöser und Wutverhalten 34
Rollenspiele 36
Streitregeln 37

Baustein 4 Am Telefon

Arbeitsblatt 1: Wissensquiz 40
Lösungen zu Arbeitsblatt 1 41
Arbeitsblatt 2: Bastelanleitung Schnurtelefon 43
Arbeitsblatt 3: Richtiges Verhalten beim Telefonieren 44
Arbeitsblatt 4: Geschichte: Höfliches Verhalten am Telefon 45
Rollenspiele 46

Baustein 5 Tischmanieren

Arbeitsblatt 1: Wissensquiz 48
Lösungen zu Arbeitsblatt 1 50
Arbeitsblatt 2: Gutes Benehmen bei Tisch 52
Arbeitsblatt 3: Geschichte: Benehmen bei anderen zu Hause 53
Rollenspiele 55

Lösungen 56

Symbole

Arbeitsblatt: Hier gibt's was zu tun!

Lösungen: Unter diesem Symbol findest du die Lösungen zu den Wissensquiz.

Rollenspiele: Unter diesem Symbol findest du Vorschläge für Rollenspiele.

Regeln: Unter diesem Symbol findest du Vorschläge für Streitregeln.

Christa Koppensteiner: Gute Umgangsformen ab Klasse 3
© Brigg Pädagogik Verlag GmbH, Augsburg

Einführung: Gute Umgangsformen
Wissenswertes für Lehrer und Lehrerinnen

Gute Umgangsformen – Förderung der sozialen Kompetenz

Die Förderung und Stärkung der sozialen Kompetenz ist ein wichtiges Anliegen unseres zukunfts- und qualitätsorientierten Schulsystems. Das Zusammenleben und -arbeiten in der schulischen Gemeinschaft ist in Ergänzung zum Elternhaus ein wichtiges soziales Lernfeld und prägt das Sozialverhalten von jungen Menschen über Jahre hinweg.

Zwei Hauptaufgaben

Im Bereich der Sozialkompetenz muss die Schule zwei Hauptaufgaben gerecht werden. Sie muss ein angenehmes, wertschätzendes und Erfolg versprechendes Lernumfeld schaffen und die Sozialkompetenz der jungen Menschen als Vorbereitung auf das berufliche und private Leben stärken.

Was versteht man unter Sozialkompetenz?

Mit anderen Menschen positiv umgehen zu können, sich sozial kompetent zu verhalten und Verantwortung für das eigene Handeln zu übernehmen, trägt maßgeblich zum privaten sowie beruflichen Erfolg und zum persönlichen Wohlbefinden bei. Aktueller denn je ist deshalb heute der Wunsch, soziale Kompetenz auf einer breiten Basis zu fördern und damit möglichst früh zu beginnen.

Wozu Sozialkompetenz?

Die positiven Auswirkungen der Förderung der sozialen Kompetenz sind weitreichend und somit unverzichtbar. Gutes Klassen- bzw. Schulklima, soziale Mitverantwortung, Strategien zur Konfliktlösung, Steigerung der Empathiefähigkeit und Stärkung des Selbstvertrauens, mit anderen positiv kommunizieren und respektvoll miteinander umgehen, das ist nur eine kleine Auswahl aus den positiven Effekten sozialen Handelns.

Hinweise zur Benutzung

Der vorliegende Band enthält fünf Bausteine zur Förderung der sozialen Kompetenz für die 3. und 4. Klasse Grundschule.

- ○ *Baustein 1: Höfliches Benehmen*

- ○ *Baustein 2: Hilfsbereitschaft*

- ○ *Baustein 3: Umgang mit Streit*

- ○ *Baustein 4: Am Telefon*

- ○ *Baustein 5: Tischmanieren*

Zum Einstieg in die einzelnen Themen gibt es jeweils ein kurzes Wissens-Quiz-Spiel® (5 – 6 Fragen) nach Vera F. Birkenbihl. Die Wissensvermittlung erfolgt in den Antworten. Es schließen sich Arbeitsblätter zum Kopieren und Vorschläge für Rollenspiele zur Festigung und Vertiefung des Gelernten an.

Wissens-Quiz-Spiele® nach Vera F. Birkenbihl

⊃ *Spielen macht klug!*

Ja, es ist möglich, Wissen in Spielform anzubieten! Wenn dabei mehrere sogenannte Neuro-Mechanismen aktiviert werden, wird Lernen tatsächlich kinderleicht und um ein Mehrfaches effizienter als bei einer „normalen Vorgehensweise". Kinder und Erwachsene lieben Quizspiele. Quizspiele regen das Denken an, die Fragen machen die Kinder aufmerksam und ermöglichen freies assoziatives Denken. So wird Lernen richtig spannend.

⊃ *Vermittlung von Hintergrundwissen*

Ein Wissensquiz unterscheidet sich von einem normalen Quiz durch das zusätzliche Hintergrundwissen, das im Spiel vermittelt wird. „Nackte" Fragen und Antworten, wie sie bei einem normalen Quiz angeboten werden, reichen für einen langfristigen Lerneffekt nicht aus. Erst Hintergrundwissen macht permanentes Merken möglich, weil die Infos ins Wissens-Netz eingebunden werden und gemerkt werden können. Diese Vorgehensweise entspricht der Arbeitsweise des Gehirns, dem assoziativen Denken.

Dabei gilt: Je weniger jemand vorher wusste, desto mehr Hintergrund-infos sind hilfreich, um sich das Neue langfristig merken, also lernen zu können.

Das Hintergrundwissen darf dem Quiz nicht vorausgehen!

Fragen machen uns auf**merk**sam. Sie öffnen das Denken und lösen aus, dass wir nach Antworten suchen; deshalb darf das Hintergrundwissen dem Quiz nicht vorausgehen! Also erst die Fragen, dann die Antworten.

Wir müssen die Antworten begreifen und in (mehr) Wissen „einbetten" können.

Wenn diese Doppel-Bedingung erfüllt wird, dann führen die Antworten auf eine Frage zu einem sofortigen Lerneffekt. Dies kann sowohl bereits vorhandenes (altes) Wissen sein als auch neues Wissen in Form von mehr Informationen, die jetzt zur Antwort angeboten werden.

Quelle: „Intelligente Wissens-Spiele, Spielen macht klug", und „So erstellt man Wissens-Quiz-Spiele®"
Vera F. Birkenbihl, Gabal Verlag, 2003.

Quiz-Ablauf

Runde 1 Fragerunde:
Die Lehrkraft stellt die Quizfragen.
Alle Spieler machen Notizen. Es darf ruhig „wild geraten" werden.

Runde 2 Antwortrunde:
Nun erhalten die Schüler die Antworten und das nötige Hintergrundwissen zu den Fragen. Alle SchülerInnen vergleichen und ergänzen ihre Antworten.
Hier können Diskussionen und Meinungsaustausch stattfinden.
Hier kann Wissen weiter erforscht und nachgeschlagen werden.
Hier können passende Geschichten vorgelesen werden.

Runde 3 Kontrolle des Lerneffektes (freiwillig):
Nun können die Fragen wiederholt werden. Die SchülerInnen wissen jetzt viel mehr, ohne im herkömmlichen Sinn auch nur irgendetwas „gelernt" zu haben.

Einführung: Gute Umgangsformen

⟳ Was sind gute Umgangsformen?

Umgangsformen sind Spielregeln für den Umgang miteinander. Sie dienen dazu, dass das Zusammenleben der Menschen möglichst reibungslos und harmonisch abläuft. Andere Wörter für gute Umgangsformen sind gutes Benehmen, gutes Betragen, gute Manieren, Stil und Etikette oder Knigge.

⟳ Wozu braucht man gute Umgangsformen?

„Was du nicht willst, dass man dir tu, das füg auch keinem anderen zu!", lautet ein Sprichwort. Gute Umgangsformen erleichtern uns den Umgang miteinander.

Damit zeigt man dem anderen:

- *Ich achte dich und deine Bedürfnisse!*

- *Ich habe Respekt vor dir!*

Nennt Beispiele für gutes Benehmen!

Umgangsformen ändern sich im Laufe der Zeit:
Handkuss, Hofknicks und Verbeugung und
das Heben der Hüte gehören der Vergangen-
heit an.

In unterschiedlichen Ländern gibt es auch unterschiedliche Umgangsformen.

Baustein **1**

Höfliches Benehmen

▷**Eure Aufgabe zur Förderung der Klassengemeinschaft:**

Beobachtet so viele Tage, wie ihr Schüler in der Klasse seid, wer sich von euch besonders höflich benimmt. Sprecht dann in der Klasse darüber. Der jeweilige Tagessieger erhält ein Abzeichen, das ihr hier entwerfen könnt.

Wissensquiz: Höfliches Benehmen

⟳ **Runde 1** *Beantworte die folgenden Fragen. Du kannst auch raten, wenn du die Antwort nicht weißt!*

Frage 1

„Was du nicht willst, dass man dir tu, das füg auch keinem anderen zu!" ist ein bekanntes Sprichwort. Wie sollen deine Freunde denn eigentlich mit dir umgehen?

_____

Frage 2

Es gibt drei Wörter, die haben eine richtige Zauberwirkung.
Wie heißen Sie?

_____

Frage 3

Kaugummikauen unterstützt das Denken. Ist es deshalb in Ordnung, im Unterricht Kaugummi zu kauen?

ja ☐   nein ☐

Frage 4

„Du" oder „Sie"? Wie grüßt man Erwachsene, die man nicht kennt, und wie gute Freunde und Familienmitglieder? Und wer grüßt wen zuerst?

_____

Frage 5

Ist es wahr, dass sich dein Freund und seine Eltern nach dir richten müssen, wenn du bei ihnen übernachtest?

ja ☐   nein ☐

Frage 6

Was nützt es dir, wenn du ein geborgtes Buch schnell und in einwandfreiem Zustand zurückgibst?

_____

Christa Koppensteiner: Gute Umgangsformen ab Klasse 3
© Brigg Pädagogik Verlag GmbH, Augsburg

Lösungen

 Runde 2 *Die Lehrkraft präsentiert die Lösungen zu den Fragen mit den Hintergrundinfos. Die SchülerInnen vergleichen und ergänzen ihre Antworten.*

 Antwort 1

Jeder möchte von anderen freundlich und mit Rücksicht und Achtung behandelt werden. Dazu gehört z. B. ein höflicher Tonfall, „Bitte" und „Danke" zu sagen, dem anderen zuzuhören und ihn nicht zu beschimpfen. Sicher hast du auch schon bemerkt, dass, wenn du freundlich fragst, auch eine freundliche Antwort folgt.

 Antwort 2

„Bitte" und „Danke" sind die ersten beiden Zauberwörter.
Sie bewirken, dass die anderen freundlich auf einen Wunsch reagieren, und dass der Wunsch auch meistens in Erfüllung geht. „Hilfst du mir, bitte?" „Gibst du mir bitte die Butter?" „Eine Semmel, bitte!" „Danke!" Das klingt doch richtig freundlich, nicht wahr?
Stell dir vor, einer fragt dich: „Kannst du das mal bitte halten?" und ein anderer sagt: „Halt das mal!" Wem von den beiden wirst du eher helfen? Das „Danke" sorgt dafür, dass dir beim nächsten Mal deine Bitte wieder erfüllt wird. Und noch ein Geheimtipp: Das „Bitte" in Begleitung eines Lächelns wirkt wahre Wunder!

Das dritte Zauberwort heißt „Entschuldigung". Wenn die Entschuldigung ernst gemeint ist, kannst du eine Sache wieder gutmachen. Eine freche Antwort, ein kaputter Gegenstand, eine Situation, in der du dich falsch verhalten hast, kommt wieder in Ordnung, indem du dich entschuldigst. Wenn du zugibst, dich falsch verhalten zu haben, dann achtest du den anderen und das möchtest du doch auch? Sich zu entschuldigen erfordert allerdings ein bisschen Mut. Ein freundliches „Das habe ich nicht gewollt, entschuldige bitte" wirkt oft Wunder und auch bei Verspätungen entschuldigt man sich!

 Antwort 3

Kaugummikauen bringt Sauerstoff ins Gehirn, der wiederum wichtig für das Denken ist. Es gibt auch Kinder, die beim Lernen immer etwas tun müssen, die immer in Bewegung sein müssen. Trotzdem ist es unhöflich, im Unterricht Kaugummi zu kauen, da es unschön aussieht und den

Lösungen

Eindruck erweckt, du seist gelangweilt. Kaugummi solltest du deshalb nur in deiner Freizeit kauen.

Übrigens: Kaue mit geschlossenem Mund und geräuschlos! Keine Blasen! Wickle nach dem Kauen den Kaugummi in ein Papier und wirf ihn in den Papierkorb! Spucke ihn keinesfalls auf den Boden. Jeder, der schon einmal in einen Kaugummi getreten ist oder unter seinem Stuhl oder der Schulbank hineingegriffen hat, weiß, wie ekelhaft das ist.

Antwort 4.1.

Höfliche Menschen grüßen und verabschieden einander. Durch den Gruß macht man auf sich aufmerksam und bringt zugleich zum Ausdruck, dass man den anderen gesehen hat. Dabei ist der Tonfall beim Grüßen wichtig. Ein freundliches „Guten Morgen", „Hallo" oder „Grüß Gott" kommt überall gut an. Menschen, die man nicht so gut kennt, siezt man und begrüßt sie mit „Grüß Gott" oder „Guten Tag". Freunde und gute Bekannte grüßt du mit „Hallo" oder „Hi". (Oder mit anderen gebräuchlichen Grußformen.)

Übrigens: Beim Händedruck sieht man dem anderen in die Augen und beim Grüßen gehören die Hände aus den Hosentaschen! Warum? Der Ursprung der Regel ist alt. Indem man früher seine Hände zeigte, zeigte man, dass man keine bösen Absichten hatte, wie zum Beispiel plötzlich eine Waffe oder ein Messer zu ziehen. Heute zeigst du damit Offenheit und dass du dich auf den anderen konzentrierst.

Antwort 4.2.

Immer die Person, die auf eine Gruppe zukommt oder einen Raum betritt, grüßt bereits Anwesende. Es ist höflich, wenn die Kinder zuerst die Erwachsenen grüßen. Aber ein höflicher Erwachsener grüßt häufig auch ein Kind zuerst. Und - wer höflich ist, grüßt auch Menschen, die er nicht mag.

Antwort 5

Selbstverständlich nicht! Du passt dich den Regeln an, die in dieser Familie gelten. Stehen alle zeitig auf, musst du auch raus. Und umgekehrt: Schlafen noch alle, dann solltest du dich ruhig verhalten. Es zeugt auch nicht von gutem Benehmen, wenn du im Badezimmer oder in der Küche in alle Schränke schaust, um festzustellen, was es denn da alles gibt.

Christa Koppensteiner: Gute Umgangsformen ab Klasse 3
© Brigg Pädagogik Verlag GmbH, Augsburg

Lösungen

Übrigens: Am Ende deines Besuches bedankst du dich höflich für die Einladung und sagst „Auf Wiedersehen!"

Antwort 6

Ja, was nützt es dir? Natürlich wird dir derjenige, der dir das Buch geborgt hat, das nächste Mal wieder etwas borgen. Denn Leuten, die mit eigenen und fremden Gegenständen sorgsam umgehen, vertraut man eben gerne etwas an.

Was noch zu höflichem Benehmen gehört:

Räum deinen Müll weg!

Da gibt es Kinderzimmer und Klassenräume, wo der Müll herumliegt, und derjenige, der ihn verursacht hat, den kümmert´s nicht. Und auch in der Natur ist Abfall beinahe überall zu finden, weil er achtlos weggeschmissen wird.

Gut miteinander leben zu können, bedeutet auch, dass jeder den eigenen Müll wegräumt. Denn wie kommt der Nächste dazu, dass er hinter dir aufräumt. Oder räumst du gerne den Müll von anderen weg?

Und wo gehört der Abfall hin?
Leere Getränkeflaschen aus Kunststoff gehören in den gelben Sack!
Getränkedosen kommen in den Container für Metalle und Dosen!
Taschentücher gehören in den Restmüll und Papier in den Papierkorb.
Du weißt das schon alles? Sehr gut!

Höfliches und unhöfliches Verhalten

Frage

Was passiert auf den Bildern? Ordne die Nummern richtig zu!
Wer verhält sich höflich? Male diese Bilder an und zeichne in das
leere Feld noch ein Bild, auf dem sich ein Kind höflich benimmt.

1 Freundlich grüßen.

2 In der Nase bohren und mit
dem Kaugummi spielen.

3 Sich in der Reihe anstellen.

4 Über jemanden tratschen.

5 Die Füße auf den Tisch legen.

a)

b)

c)

d)

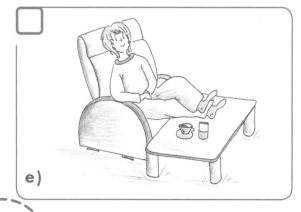
e)

Höfliches und unhöfliches Verhalten

Frage

Was passiert auf den Bildern? Ordne die Nummern richtig zu!
Wer verhält sich höflich? Male dieses Bild an und zeichne in das leere
Feld noch ein Bild, auf dem sich ein Kind höflich benimmt.

6 Ein Kind auslachen.

7 Jemandem die Zunge zeigen.

8 Sich entschuldigen.

9 Eine Kaugummiblase zur
Begrüßung machen.

10 Den Vogel zeigen.

f)

g)

h)

i)

k)

Bildergeschichte: Verhalten in öffentlichen Verkehrsmitteln

Schneide die Bilder aus, bringe sie in die richtige Reihenfolge und klebe sie auf ein Blatt Papier! Finde dann eine passende Überschrift und erzähle oder schreibe die Geschichte.

Wem könntest du sonst noch deinen Platz anbieten?

Christa Koppensteiner: Gute Umgangsformen ab Klasse 3
© Brigg Pädagogik Verlag GmbH, Augsburg

Geschichte: Höfliches Verhalten bei anderen zu Hause

Ein unhöflicher Besucher

Peter besucht heute nach der Schule seinen Freund Daniel. Gleich nach den Hausaufgaben schwingt er sich auf seinen Drahtesel und braust los. „Komm pünktlich um 6.00 Uhr nach Hause!", ruft ihm seine Mutter noch nach, aber das hört Peter schon nicht mehr.

Daniels Mutter sitzt im Wohnzimmer und liest die Zeitung. Peter schleicht sich wortlos an ihr vorbei und geht gleich mit seinen Schuhen in das Zimmer von seinem Freund. Daniel sitzt noch bei seinen Hausaufgaben. „Was, du bist noch nicht fertig?", stellt Peter überrascht fest und verdreht genervt seine Augen. Daniel schließt schnell sein Heft. Eigentlich ist er noch nicht fertig, aber das will er vor Peter nicht zugeben.

„Hey, ich hab Hunger! Hast du nichts zu futtern für mich?", fragt Peter. Daniel geht mit Peter in die Küche. „Willst du ein Stück Kuchen?", fragt er ihn. „Nööö", sagt Peter, „habt ihr nichts anderes? Lass mich mal sehen!" Damit reißt er die Kühlschranktür auf und bedient sich selbst.

Später spielen die Jungen Fußball. Nach einer Weile schießt Peter den Ball direkt in Nachbars Garten. Dort wohnt Herr Holzinger, ein fröhlicher, alter Herr. Er sitzt im Garten im Schaukelstuhl und hält sein Mittagsschläfchen, als der Ball direkt auf seinem Kopf landet und ihn unsanft aus seinem Nickerchen reißt. „Hey, schieß den Ball wieder zurück!", verlangt Peter von dem alten Herrn, „damit wir weiterspielen können!" Herr Holzinger weiß gar nicht so recht wie ihm geschieht. Er braucht ein bisschen, bis er ganz munter ist. „Jetzt mach schon!", wird Peter ungeduldig. Herr Holzinger nimmt den Ball an sich und stellt fest: „Was bist du nur für ein ungehobelter Bursche! Erst wenn du weißt, wie man sich höflich benimmt, bekommst du den Ball zurück!"

Da hat Peter aber viel zu lernen. Von gutem Benehmen hat er nämlich überhaupt keine Ahnung.

Weißt du, wie man sich höflich benimmt?
Beantworte die Fragen zur Geschichte!

Frage 1
Was hat Peter gleich zu Beginn der Geschichte vergessen?

a) Sich zu verabschieden. ☐
b) Sich anzuziehen. ☐
c) Eine Uhrzeit zu vereinbaren, damit er
   pünktlich nach Hause kommt. ☐

Frage 2
Was hätte Peter im Haus von Daniel tun sollen?

a) Die Schuhe ausziehen. ☐
b) Dessen Mutter begrüßen. ☐
c) Stiefel anziehen. ☐

Frage 3
Wie hätte Peter Daniels Mutter freundlich grüßen können?

a) Mit einem unauffälligen Nicken. ☐
b) „Guten Tag! Ist Daniel zu Hause?" ☐
c) Indem er kurz mit der Hand winkt, ohne ein Wort zu sagen. ☐

Frage 4
Daniel ist noch nicht fertig mit den Hausaufgaben. Wie hätte Peter sich höflicher verhalten können?

a) Geduldig warten. ☐
b) Seine Hilfe anbieten. ☐
c) Das Heft beim Fenster hinauswerfen. ☐

Frage 5
Wie hätte Peter höflich um Essen fragen können?

a) „Darf ich bitte etwas zu essen haben?" ☐
b) „Gib was zu Essen her!" ☐
c) „Ich habe Hunger!" ☐

Frage 6

Wie hätte Peter den Kuchen höflich ablehnen können?

a) „Nein danke, darf ich bitte etwas anderes haben?" ☐
b) „Kuchen kann ich nicht ausstehen!" ☐
c) „Gib mir was anderes!" ☐

Frage 7

Ist es höflich, wenn Peter sich selbst im Kühlschrank bedient?

a) Ja, sicher! ☐
b) Nein, das ist total unhöflich! ☐
c) Ich weiß nicht! ☐

Frage 8

Was hätte Peter unbedingt tun sollen, als der Ball auf dem Kopf des Nachbarn landete?

a) Noch einmal schießen. ☐
b) Sich entschuldigen. ☐
c) Sich bedanken. ☐

Frage 9

Wie hätte die höfliche Frage lauten müssen?

a) „Würden Sie bitte den Ball zurückschießen?" ☐
b) „Wirf schnell den Ball zurück!" ☐
c) „Schieß den Ball zurück!" ☐

Frage 10

Wie kann Peter sich höflich verabschieden, wenn er nach Hause fährt?

a) Er kann einfach gehen, ohne ein Wort zu sagen. ☐
b) Er sagt: „Ihr habt nichts Ordentliches zu essen, deshalb geh ich jetzt." ☐
c) Er sagt: „Danke für alles! Tschüss!" ☐

Gute
Umgangsformen

Höfliches Benehmen

Rollenspiele

Baustein **1**

SPIEL!

Rollenspiele

Verhalten lässt sich am leichtesten in Form von Rollenspielen einüben.
Hier einige Anregungen:

🙂 *Den Tonfall üben*

Lernziel: Die Kinder sollen merken, dass es darauf ankommt, wie etwas gesagt wird. Ob man höflich oder unhöflich wirkt, entscheidet der Tonfall.

Übungen: Sätze in verschiedenen Tonlagen sagen und die Wirkung besprechen: Hilfst du mir, bitte? Komm her! Geh weg! Lass mich in Ruhe! Borgst du mir deinen Stift?

🙂 *Bitte und Danke*

Lernziel: Die Kinder sollen lernen, dass die Worte „Bitte" und „Danke" eine positive Wirkung auf sie selbst und auf die Mitmenschen haben.

Übungen: Die Kinder sagen verschiedene Sätze, in denen die Worte „Bitte" und „Danke" angewendet und vermieden werden und lernen dabei, dass man mit „Bitte" und „Danke" wirklich zaubern kann.
Beispiele: Ein Kind fragt nach einem bestimmten Gegenstand (z. B. Radiergummi), das andere gibt ihm den Gegenstand. Ein Kind gratuliert zum Geburtstag, das andere bedankt sich dafür. Ein Kind bittet um Hilfe. Ein Kind bedankt sich für die Mitfahrgelegenheit.

🙂 *Sich entschuldigen*

Lernziel: Die Kinder lernen, wie eine Entschuldigung auf sie selbst und auf andere wirkt und dass die Freundlichkeit entscheidet.

Übungen: Ein Kind entschuldigt sich für das Zuspätkommen. Ein Kind sagt zum anderen: „Es tut mir leid! Entschuldige bitte!"

🙂 *Grüßen und begrüßen*

Lernziel: Die Kinder lernen, dass man seinem Gegenüber immer in die Augen sehen sollte und dass es schön ist, wenn man die Namen von Menschen kennt und anwendet.

Übungen: Die Kinder begrüßen einander mit unterschiedlichen Grußworten.

Christa Koppensteiner: Gute Umgangsformen ab Klasse 3
© Brigg Pädagogik Verlag GmbH, Augsburg

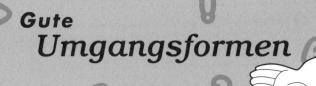

Baustein **2**

Hilfsbereitschaft

Eure Aufgabe zur Förderung der Klassengemeinschaft:

Beobachtet so viele Tage, wie ihr Schüler in der Klasse seid, wer von euch besonders hilfsbereit ist. Sprecht dann in der Klasse über eure guten Taten. Der jeweilige Tagessieger erhält ein Abzeichen, das ihr hier entwerfen könnt.

Wissensquiz: Hilfsbereitschaft

➡️ **Runde 1** *Beantworte die folgenden Fragen. Du kannst auch raten, wenn du die Antwort nicht weißt!*

Frage 1

Ist es wahr, dass hilfsbereite Menschen anderen Personen die Tür aufhalten, vor allem dann, wenn diese etwas tragen und keine Hand frei haben? ja ⃞ nein ⃞

Frage 2

Du fährst mit dem Bus. Eine alte Frau steigt ein. Was machst du?

a) Ich schaue beim Fenster hinaus. ⃞
b) Ich stehe auf und überlasse ihr den Sitz. ⃞
c) Ich bitte meinen Freund, dass er aufsteht. ⃞

Frage 3

Wie würde sich ein hilfsbereiter Schüler verhalten, wenn ein Mitschüler sein Federmäppchen vergessen hat? Ein hilfsbereiter Schüler …

a) wäre schadenfroh. ⃞
b) würde sagen: „Pech für dich!" ⃞
c) würde ihm einen Stift leihen. ⃞

Frage 4

Deine Mutter kocht. Worüber würde sie sich sicher freuen?

a) Wenn du sie dauernd rufst und sie um ihre Hilfe bittest, während sie kocht. ⃞
b) Wenn du möglichst laut mit deinem Freund streitest. ⃞
c) Wenn du ihr deine Hilfe anbietest. ⃞

Frage 5

Wenn du als Gast eingeladen bist: Hältst du es dann für eine gute Idee, deine Hilfe anzubieten?

a) Nein, schließlich ist der Gast König. ⃞
b) Nein, der Gastgeber könnte glauben, dass ich sein Geschirr stehlen will. ⃞
c) Ja, das ist sicher höflich, und der Gastgeber freut sich darüber. ⃞

Christa Koppensteiner: Gute Umgangsformen ab Klasse 3
© Brigg Pädagogik Verlag GmbH, Augsburg

Lösungen

 Antwort 1

Natürlich ist das wahr!
Wenn Mitschüler oder Lehrer etwas tragen, ist es sehr freundlich, wenn ihr die Tür aufmacht oder sie aufhaltet. Natürlich könnt ihr auch beim Tragen helfen.

 Antwort 2

Du bietest ihr deinen Sitzplatz an! Warum? Weil diese alte Frau nicht mehr so gut stehen kann wie du und vielleicht sogar Schmerzen hat. Das gilt übrigens für alle Kranken und Behinderten und auch für schwangere Frauen. Du dagegen bist jung und fit und ein bisschen zu stehen macht dir doch nichts aus! Bestimmt erntest du ein dankbares Lächeln für deine Hilfsbereitschaft.

 Antwort 3

Ein hilfsbereiter Mitschüler würde ihm natürlich einen Stift und alles, was vonnöten ist, leihen. Denn stell dir vor, du hättest alles vergessen, dann wärst du doch auch froh, wenn dir jemand helfen würde, oder?

 Antwort 4

Na, über dein Angebot, dass du ihr helfen willst! Stell dir vor, du bekommst deine Jacke nicht zu, weil dein Reißverschluss klemmt. Dann freust du dich doch auch, wenn dir deine Mutter oder jemand anderes hilft. Umgekehrt ist es genauso. Erwachsene freuen sich sehr, wenn ihnen (ihre) Kinder Hilfe anbieten.

Übrigens: Du bist schon alt genug, um im Haushalt regelmäßig kleinere Pflichten zu übernehmen und diese auch nicht ständig zu „vergessen".

 Antwort 5

Es ist eine nette Geste, dem Gastgeber seine Hilfe anzubieten, etwa beim Abräumen der Teller oder beim Tragen von Lasten. Lehnt der Gastgeber ab, dann kannst du dich verwöhnen lassen.

Übrigens: Auch zu Hause und in der Schule ist es sehr freundlich, wenn du deine Hilfe freiwillig anbietest!

Wer ist hilfsbereit und wer nicht?

Auf welchen Bildern sind die Kinder hilfsbereit? Male sie bunt an!

a)

b)

c)

d)

e)

f)

Christa Koppensteiner: Gute Umgangsformen ab Klasse 3
© Brigg Pädagogik Verlag GmbH, Augsburg

Bildergeschichte: Mithelfen

Finde eine passende Überschrift und erzähle oder schreibe die Geschichte.

Wo kannst du sonst noch im Haushalt mithelfen?

Geschichte: Hilfsbereites Verhalten

Wie ist man eigentlich hilfsbereit?

Die Pause ist aus. Frau Müller, die Lehrerin, ist voll bepackt mit Büchern und ihrer Tasche. So ist es sehr schwierig für sie, die Tür zu öffnen. Die Kinder aber sind beschäftigt mit Schreien und Laufen und achten nicht auf sie. So nimmt Frau Müller den Ellbogen und öffnet mühsam die Tür. „Guten Morgen", grüßt sie. Alle nehmen schnell ihre Plätze ein. „Entschuldigung", meldet sich Elfi, „ich hab mein Buch zu Hause vergessen". „Das ist typisch für sie", flüstert Lisa zu Klaus hinüber. „Immer hat sie irgendetwas vergessen!"

„Toni ist nun schon die zweite Woche krank", stellt die Lehrerin besorgt fest. „Da versäumt er richtig viel. Hoffentlich kann er das alles aufholen." Plötzlich klopft es an der Tür. „Das ist sicherlich unser neuer Schüler", informiert Frau Müller die Kinder und steht auf. „Ich bitte euch, ihn höflich und nett zu empfangen, sodass er sich in unserer Klasse wohlfühlt!" Die Lehrerin öffnet die Tür und herein kommt Max. „Das ist Max!", stellt ihn die Lehrerin vor. „Max hatte einen Unfall und darf deshalb nicht schwer tragen. Aus diesem Grund hat er seine Schultasche auch auf einem Rollwägelchen. Ich vertraue aber voll auf eure Hilfsbereitschaft." Bei diesen Worten schaut die Lehrerin ihre Schüler mit ernstem und eindringlichem Blick an.

Beantworte die Fragen zur Geschichte!
Ob die Kinder wissen, wie man hilfsbereit ist? Weißt du es denn?

Frage 1

a) Wie hätten die Kinder am Beginn der Geschichte der Lehrerin helfen können?

_____

_____

b) Wie könnten die Kinder Elfi helfen?

_____

_____

c) Wie könnten die Kinder dem kranken Toni helfen?

_____

_____

d) Wie könnten die Kinder Max behilflich sein?

_____

_____

e) Was könnten die Kinder tun, damit sich Max wohlfühlt?

_____

_____

Frage 2
Glaubst du, dass Freundschaften von selbst entstehen und wie behandelt man denn seine Freunde? Redet in der Klasse darüber!

Rollenspiele

Verhalten lässt sich am leichtesten in Form von Rollenspielen einüben.

Hier einige Anregungen:

😊 *Tür aufhalten*

Lernziel: Die Kinder sollen lernen, dass es wirklich eine Erleichterung ist, wenn man voll beladen ist und jemand die Tür aufmacht oder aufhält.

Übungen: Ein Kind trägt z. B. einen Stapel Hefte oder Bücher und ein anderes macht die Tür auf! „Bitte" und „Danke" nicht vergessen!

😊 *Einen Sitzplatz anbieten*

Lernziel: Die Kinder überwinden die Scheu, von sich aus einen Platz anzubieten.

Übungen: Ein Kind spielt die ältere, kranke Person. Ein anderes Kind bietet ihr den Sitzplatz an.

😊 *Um Hilfe bitten*

Lernziel: Die Wirkung des Tonfalles! Es kommt darauf an, wie eine Bitte formuliert wird.

Übungen: Ein Kind bittet in verschiedenen Tonfällen um Hilfe.
Sätze: Machst du mir bitte das Kleid zu?
Hilfst du mir bitte tragen?

😊 *Augen auf – aufmerksam durch den Tag*

Lernziel: Mit kleinen, aufmerksamen Gesten kann man leicht einem anderen Freude machen und sich selbst ein gutes Gefühl verschaffen.

Übungen: Jedes Kind beobachtet einen Tag lang, wie es anderen Familienmitgliedern oder Freunden gegenüber aufmerksam sein könnte. Anschließend werden die Ergebnisse in der Klasse besprochen und in Rollenspielen geübt.

Christa Koppensteiner: Gute Umgangsformen ab Klasse 3
© Brigg Pädagogik Verlag GmbH, Augsburg

Baustein **3**

Umgang mit Streit

⇨ *Eure Aufgabe zur Förderung der Klassengemeinschaft:*

Beobachtet einen Monat lang, warum ihr euch streitet und wie ihr mit der Streit-
situation umgeht. Sprecht in der Klasse darüber.
Jeder, der einen Streit gut lösen kann, verdient ein Abzeichen, das ihr hier entwerfen könnt.

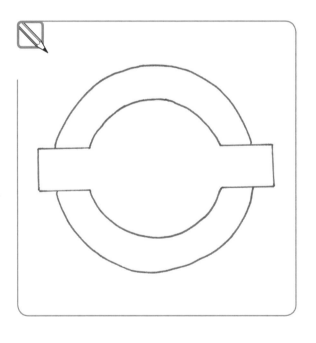

Wissensquiz: Umgang mit Streit

Runde 1 *Beantworte die folgenden Fragen. Du kannst auch raten, wenn du die Antwort nicht weißt!*

Frage 1

Ist Streiten eigentlich schlecht?   ja ☐   nein ☐

Frage 2

Warum ist es nicht sinnvoll, bei einem Streit sofort laut loszubrüllen?

a) Weil die anderen dann sofort erschrecken und davonlaufen. ☐
b) Weil das so anstrengend für die Stimmbänder ist. ☐
c) Weil man dadurch sehr leicht seine Freunde verliert. ☐

Frage 3

Hältst du es für eine gute Idee, wenn du wütend bist, zuerst einmal über die Sache nachzudenken?

ja ☐   nein ☐

Machst du das auch?

ja ☐   nein ☐

Frage 4

Warum solltest du beim Streiten auf Beschimpfungen verzichten?

a) Weil diese Wörter so schwer auszusprechen sind. ☐
b) Weil Beschimpfungen verletzen und sich der andere schlecht fühlt. ☐
c) Weil diese Wörter ohnehin keiner versteht. ☐

Frage 5

Fritz und Sabine streiten um ein Spiel. Beide wollen es haben.
Was ist hier wohl die beste Lösung?

a) Fritz und Sabine raufen und wer der Sieger ist, bekommt das Spiel. ☐
b) Keiner bekommt das Spiel. ☐
c) Die zwei suchen nach einer Lösung, mit der beide zufrieden sind. Die könnte so aussehen: Sie lassen das Los entscheiden, wer das Spiel zuerst bekommt und wechseln sich dann ab. ☐

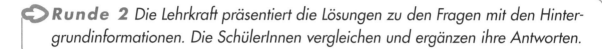
Lösungen

> **Runde 2** *Die Lehrkraft präsentiert die Lösungen zu den Fragen mit den Hintergrundinformationen. Die SchülerInnen vergleichen und ergänzen ihre Antworten.*

Antwort 1

Streiten ja – aber fair! Streiten ist nicht grundsätzlich schlecht. Ganz im Gegenteil. Konflikte zu lösen ist etwas sehr Wichtiges und Positives. Natürlich soll es dabei fair zugehen. Aber was bedeutet das eigentlich?

Drei feste Regeln dazu: Zuhören, sich nicht beschimpfen, den anderen ausreden lassen!

Frage dich auch: „Was geht im anderen vor, wenn er so wütend ist? Wie kann ich mich in seine Lage hineinversetzen?" Indem du das tust, wirst du automatisch friedfertiger.

Antwort 2

Jeder ärgert sich einmal, aber es ist besser, zuerst nachzudenken, bevor man zu schreien beginnt oder gar zuschlägt. Dadurch verlierst du nämlich deinen Freund oder deine Freundin und das willst du doch nicht wirklich. Viel wichtiger wäre es, wenn du zuerst nachfragst, warum dein Freund oder deine Freundin das gemacht hat. Jeder darf seine Sichtweise erklären und seine Meinung vertreten.

Antwort 3

Denke zuerst nach, bevor du etwas tust. Deine erste Reaktion ist vielleicht nicht die beste und könnte die Sache sogar noch schlimmer machen.

Antwort 4

Wenn du beim Streiten den anderen beschimpfst, wird es nachher sehr schwierig, noch befreundet zu bleiben. Beschimpfungen verletzen. Der andere fühlt sich dadurch schlecht. „Das ist unfair!", ist ein Satz, den du sicher auch schon häufig gebraucht hast.

Antwort 5

c) Die zwei suchen nach einer Lösung, mit der beide zufrieden sein können. Das Los entscheiden zu lassen, ist eine gute Vorgehensweise.

Bildergeschichte: Petzen

➡ Finde eine passende Überschrift und erzähle oder schreibe die
Geschichte. Überlege, wie du in einer solchen Situation reagieren würdest!

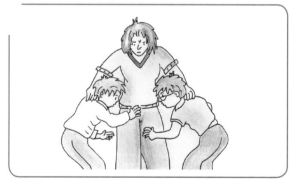

❓ *Wie könnten die Jungen den Streit gewaltfrei lösen?*

Geschichte: Konflikte lösen

 Die Streithähne

Florian und Raffaela sind zwei richtige Streithähne. Morgens nach dem Aufstehen geht das Streiten schon los und hört erst auf, wenn sie schlafen. „Die beiden rauben mir meine letzten Nerven", klagt die Mutter. „Immer gibt es irgendeinen Grund, warum sie sich nicht vertragen."

Raffaela ist die Ältere. Sie ist gerade damit beschäftigt, Florian seine Mütze wegzunehmen und mit ihr davonzulaufen. Das lässt sich Florian natürlich nicht gefallen. Er läuft ihr hinterher und trommelt bald mit seinen Fäusten auf die große Schwester ein. Es dauert nicht lange und der Junge und das Mädchen rangeln wild miteinander auf dem Boden.

Zu Hause stürmt jeder in sein Zimmer. Raffaela dreht ihr Lieblingslied ganz laut auf, aber Florian muss lernen und die laute Musik stört ihn dabei. Also platzt er in das Zimmer von seiner Schwester. „Dreh sofort die Musik leiser!", verlangt er schrill. „So kann ich nicht lernen!" Raffaela grinst jedoch nur und dreht noch ein bisschen lauter.

Später spielen die zwei „Mensch ärgere dich nicht". Aber auch hier gibt es Anlass zum Streit. Florian hat sich nämlich gerade verzählt und ist um ein Feld zuviel gefahren. „Hey, du mogelst!", schreit Raffaela mit bösem Blick. „Du bist gemein!" …

Frage 1

Wie würdest du die Streitfälle in der Geschichte gewaltfrei klären?

Mütze:

Musik:

Spiel:

Fragebogen: Wutauslöser und Wutverhalten

Frage 1
Was ärgert dich und macht dich wütend? Kreuze an!

☐ Wenn jemand bei einem Spiel mogelt.

☐ Wenn mir jemand etwas wegnimmt und nicht mehr zurückgibt.

☐ Wenn jemand beim Fußball spielen foult.

☐ Wenn sich jemand etwas ausborgt und es nicht mehr oder kaputt zurückgibt.

☐ Wenn mich meine Schwester/mein Bruder ärgert.

☐ Wenn ich verliere.

☐ Wenn ich etwas nicht weiß.

☐ Wenn ich zu viele Hausaufgaben habe.

☐ Wenn ich nicht fernsehen oder Computer spielen darf.

☐ Wenn ich beim Einkaufen nicht das bekomme, was ich will.

☐ Wenn ich _____

_____

Frage 2
Wie verhältst du dich, wenn du wütend bist?

☐ Ich rede über die Sache.

☐ Ich schreie.

☐ Ich haue dem anderen eine rein.

☐ Ich stampfe mit dem Fuß auf.

☐ Ich beschäftige mich mit anderen Dingen.

☐ Ich zähle langsam bis zehn.

☐ Ich schlage meine Zimmertür zu.

☐ Ich rede nichts mehr.
☐ Ich schließe mich in meinem Zimmer ein.

☐ --

Frage 3

Was könnte dir helfen, wenn du wütend bist?

☐ Ich atme tief durch.

☐ Ich erzähle einem guten Freund oder einer Freundin davon und rede mir meine Wut von der Seele.

☐ Ich denke über die Sache nach und versuche, die anderen zu verstehen.

☐ Ich zähle bis zehn und atme tief aus.

☐ Ich spiele Fußball oder bewege mich sonst irgendwie.

☐ Ich rede mit meinen Eltern darüber.

☐ --

Frage 4

Wie verhältst du dich, wenn dein Freund/deine Freundin wütend ist?

☐ Ich bleibe ruhig und höre ihr/ihm zu.

☐ Ich fange auch an, wütend zu werden.

☐ Ich versuche, ihn/sie zu beruhigen.

☐ Ich versuche herauszufinden, warum der andere wütend ist.

☐ --

Rollenspiele

Verhalten lässt sich am leichtesten in Form von Rollenspielen einüben.
Hier einige Anregungen:

„Absicht oder Versehen?"

Lernziel: Absichtliches bzw. unabsichtliches Verhalten unterscheiden. Das Verhalten eines anderen verstehen lernen und entsprechend reagieren.

Absichtliches Verhalten: Situationsdarstellung
Die Kinder gehen bei der Klasse hinaus. Ein Kind rempelt ein anderes Kind **absichtlich** an, damit es schneller aus der Klasse hinauskommt.

Die Kinder sollen sich die folgenden Fragen überlegen:

1) Welche Gründe könnte es geben, dass der Schüler X den Schüler Y anrempelt? (Nur so zum Spaß, weil er der Stärkere sein will, …)

2) Wie fühlt sich der Schüler X und wie der Schüler Y?

3) Wie könnte der Schüler X, der den Schüler Y angerempelt hat, reagieren? (Schuld abschieben, abstreiten, …)

4) Wie könnte der Schüler, der angerempelt wurde, reagieren? (Schimpfen, zurückrempeln, sagen: „Das hat mir weh getan!"…)

Unabsichtliches Verhalten: Situationsdarstellung
Die Kinder gehen bei der Klasse hinaus. Ein Kind rempelt ein anderes Kind **unabsichtlich** an.

Die Kinder sollen sich die folgenden Fragen überlegen:

1) Welche Gründe könnte es dafür geben, dass der Schüler X den Schüler Y unabsichtlich anrempelt? (Weil er sonst den Bus verpasst, weil er auf die Toilette muss oder nicht aufgepasst hat, …)

2) Wie fühlt sich der Schüler X und wie der Schüler Y?

3) Wie könnte der Schüler X, der den Schüler Y angerempelt hat, reagieren? (Sich entschuldigen, fragen: „Tut es weh?" …)

4) Wie könnte der Schüler, der angerempelt wurde, reagieren? (Es sich gefallen lassen, darauf aufmerksam machen, …)

Die SchülerInnen sollen die Situation noch einmal mit höflichem Verhalten durchspielen.

Streitregeln

Richtiges Verhalten beim Streiten

Streitregeln sind eine gute Idee, damit ihr wisst, wie ihr im Falle eines Streites vorgehen sollt und damit Streitigkeiten nicht gewalttätig und verletzend für andere verlaufen. Außerdem helfen sie, dass die Klassengemeinschaft immer besser wird.

Nachfolgend findet ihr gute und schlechte Möglichkeiten, wie man sich bei einem Streit verhalten kann.

1) Unterteilt die Tafel in zwei Spalten!
   Spalte 1: Hilfreiches Verhalten bei einem Streit
   Spalte 2: Zerstörerisches Verhalten bei einem Streit

2) Kopiert die Seite und schneidet die Streitregeln aus.

3) Jedes Kind zieht, je nach Schüleranzahl, einen oder mehrere Streifen.

4) Lies die Streitregel laut vor, entscheide in welche Spalte sie gehört und hefte sie mit einem Magneten an die Tafel.

5) Entscheidet dann, welche Streitregeln für eure Klasse gelten sollen und hängt sie gut sichtbar in der Klasse auf.

Bitte umblättern!

Ich hole tief Luft, um mich zu beruhigen.

Ich suche zuerst selbst nach einer Lösung.

Ich schlage eine Tür lautstark zu.

Ich vermeide Wutausbrüche, Beleidigungen und Schläge.

Wenn ich falsch gehandelt habe, entschuldige ich mich.

Ich haue dem anderen eine rein.

Ich suche nach einer Lösung, mit der beide zufrieden sind.

Ich laufe schnell weg.

Ist die Sache für mich nicht so wichtig,
dann gebe ich nach.

Ich höre zu und lasse den anderen ausreden.

Ich werfe mit einem Gegenstand.

Ich sehe ein, dass wir uns manchmal nicht einigen können.

Jeder darf seine eigene Meinung haben.

Ich schreie den anderen so lange an, bis er mir Recht gibt.

Ich schimpfe laut.

Wenn ich nicht mehr weiter weiß, bitte ich einen
Erwachsenen um Hilfe.

Ich heule und brülle.

Ich stelle klärende Fragen.

Ich versuche, den anderen zu verstehen.

Ich lasse mir nichts gefallen.

Christa Koppensteiner: Gute Umgangsformen ab Klasse 3
© Brigg Pädagogik Verlag GmbH, Augsburg

Baustein **4**

Am Telefon

So findest du deinen Gesprächspartner für die Rollenspiele:

Gestalte dein persönliches Wappen! Schneide es aus und wirf es zusammen mit allen anderen in eine Schachtel. Danach zieht jeder ein Abzeichen.

Wissensquiz: Am Telefon

⟳ **Runde 1** *Beantworte die folgenden Fragen. Du kannst auch raten, wenn du die Antwort nicht weißt!*

Frage 1

Zu welchen Zeiten solltest du deine Freunde besser nicht anrufen?

_____

Frage 2

Wie meldest du dich richtig am Telefon?

a) Mit meinem Vor- und Zunamen und einem Gruß. ◯
b) Ich sage gar nichts. ◯
c) Ich singe ein kurzes Lied. ◯

Frage 3

Was machst du, wenn du den Namen des Anrufers nicht verstanden hast?

a) Da kann man nichts machen. ◯
b) Ich hoffe darauf, dass der Anrufer seinen Namen wiederholt. ◯
c) Ich frage: „Wie war Ihr Name bitte?" ◯

Frage 4

Wie beendest du ein Telefongespräch?

a) Ich lege ohne Abschied einfach auf. ◯
b) Ich verabschiede mich freundlich und lege auf. ◯
c) Ich pfeife kurz. ◯

Frage 5

Richtig ☑ oder falsch ☒ ? Wie verhältst du dich am Telefon?

Ich begrüße den Anrufer freundlich. ◯
Am Telefon ist es wichtig, besonders schnell zu sprechen. ◯
Ich spreche langsam und deutlich. ◯
Wenn ich jemand anderen zum Telefon hole, sage ich „Moment bitte". ◯
Ich lasse den Anrufer ausreden. ◯
Ich höre aufmerksam zu. ◯
Ich frage nach, wenn ich etwas nicht verstanden habe. ◯

Lösungen

 Antwort 1

Es ist höflich, wenn du am Wochenende nicht zeitig in der Früh anrufst. Dein Freund oder deine Freundin und ihre Familienmitglieder wollen vielleicht ausschlafen und mit deinem Anruf weckst du sie auf. Außerdem solltest du auf Anrufe spätabends, nachts oder während des Mittagessens verzichten. In dringenden Fällen darfst du natürlich schon anrufen.

 Antwort 2

a) ist richtig. Es ist höflich und sinnvoll, den Vor- und den Zunamen zu nennen. So muss der Anrufer nicht extra nachfragen, welches Familienmitglied am Apparat ist.

Die Begrüßung: Du kannst den Anrufer entweder gleich begrüßen wie z. B. „Sabine Huber, guten Tag" oder du wartest mit der Begrüßung, bis sich der Anrufer vorgestellt hat und begrüßt ihn dann.

Rufst du bei deiner Freundin Rosi an, und ihre Mama ist am Telefon, dann sagst du: „Hier ist Sabine Huber, kann ich bitte Rosi sprechen?"

Falsch verbunden! So verhältst du dich richtig: Wenn du die falsche Nummer gewählt hast, dann darfst du nicht einfach auflegen, sondern du musst das der anderen Person sagen. „Entschuldigung, falsch verbunden" oder „Entschuldigung, ich habe mich verwählt", ist angebracht. Vergiss nicht, dich zu verabschieden.

Der Anrufbeantworter: Wenn sich der Anrufbeantworter oder die Mobilbox meldet, kannst du ruhig eine Nachricht hinterlasssen. Sprich so, wie wenn die Person am Apparat wäre – wenn sie die Nachricht abhört, ist sie nämlich auch am Apparat. Gruß und Name („Hallo, hier ist Klaus Müller"), Anliegen („Bitte, ruf mich zurück"), Abschied („Tschüss" oder „Auf Wiederhören").

 Antwort 3

Wenn du den Namen des Anrufers nicht verstanden hast, dann fragst du einfach nach. „Mit wem spreche ich bitte?" oder „Wie ist ihr Name bitte?" oder „Entschuldigung, ich habe Ihren Namen nicht verstanden." Schreib den Namen des Anrufers gleich auf, wenn du etwas ausrichten musst. Hast du den Namen des Anrufers trotz Nachfrage noch immer nicht verstanden, dann lasse ihn dir buchstabieren.

Antwort 4

b) ist richtig. Ich verabschiede mich freundlich und lege auf.

 Übrigens: Wenn du deinen Freund oder deine Freundin angerufen hast, damit er oder sie dir sagt, welche Hausaufgaben du aufhast, dann ist es höflich sich zu bedanken: „Danke! Tschüss!"
Beachte: Wenn du den Hörer „draufknallst", dann tut das dem Anrufer im Ohr weh. Also den Hörer sachte auflegen.

 Antwort 5

Ich begrüße den Anrufer freundlich. ☑
Am Telefon ist es wichtig, besonders schnell zu sprechen. ☒
Ich spreche langsam und deutlich. ☑
Wenn ich jemand anderen zum Telefon hole, sage ich „Moment bitte". ☑
Ich lasse den Anrufer ausreden. ☑
Ich höre aufmerksam zu. ☑
Ich frage nach, wenn ich etwas nicht verstanden habe. ☑

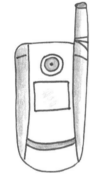 *Übrigens:* Ein Lächeln am Telefon ist hörbar. Es gibt deiner Stimme einen freundlichen Klang. Dein Gesprächspartner freut sich darüber. Also lächle das nächste Mal und achte darauf, wie der andere reagiert. Wenn du nachfragst, dann bedenke, dass alles, was du zu Personen im Raum sagst, auch die Person am anderen Ende der Leitung hört. Also bleibe höflich und schreie nicht wild durch die Gegend!

Wir basteln ein Schnurtelefon

⟴**Du brauchst:**

- ○ *zwei Joghurtbecher* ○ *einen Nagel* ○ *einen Hammer*
- ○ *einen langen, dicken Faden (ca. 3–5 m)* ○ *einen Freund/eine Freundin*

So gehts: Mach mit Hilfe des Nagels ein Loch in die Bodenmitte der beiden Becher. Ziehe die beiden Enden des Fadens durch die Löcher und verknote sie so fest, dass sie nicht durch das Loch rutschen können.
Jetzt kannst du schon telefonieren.

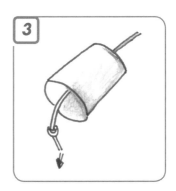

Am besten probierst du das Telefon draußen. Halte den einen Becher an dein Ohr. Dein Freund/deine Freundin nimmt sich den zweiten Becher und spricht oder singt hinein.

Wichtig: Der Faden muss straff gespannt sein, ohne mit einem Hindernis in Berührung zu kommen. Auch wenn der Faden sehr lang ist, solltest du trotzdem die Stimme deines Freundes hören.

Wie funktioniert das Schnurtelefon?
Wenn dein Freund in seinen Becher spricht, versetzt er die Luft und den Boden in seinem Becher in Schwingungen. Diese Schwingung überträgt sich auf den Faden. Ist der Faden straff gespannt, wandert diese Schwingung weiter bis zum anderen Becher und dann ins Ohr. Das Ohr wandelt die Schwingung dann wieder in Wörter um.

Richtiges Verhalten beim Telefonieren

Frage

Welche Situationen zeigen die Bilder? Ordne die Nummern richtig zu!
Verhalten sich die Kinder richtig? Begründe deine Antwort!

1 In der Schule telefonieren.

2 Im Krankenhaus telefonieren.

3 Während man etwas isst telefonieren.

4 Beim Mittagstisch telefonieren.

5 Mit zwei Personen gleichzeitig telefonieren.

6 Der Gesprächspartner schreit ins Telefon.

a)

b)

c)

d)

e)

f)

Geschichte: Höfliches Verhalten am Telefon

Ein unhöflicher Anrufer

Das Telefon läutet, die Mutter hebt ab. „Melanie Peterson, guten Morgen!", meldet sie sich freundlich. „Ich will Thomas sprechen", verlangt der Anrufer. „Ja, aber wer ist denn dran?", fragt die Mutter. „Hier ist Bernd!", sagt der Anrufer leicht genervt. „Bernd, wer?", fragt die Mutter hartnäckig weiter. „Na, Bernd Huber", antwortet der Anrufer, nun schon sehr genervt. „Kann ich jetzt endlich Thomas sprechen?" „Aber gern", sagt die Mutter und holt Thomas zum Telefon. „Hallo, hier ist Thomas!"

„Wurde aber auch Zeit", brummt Bernd ins Telefon. „Ich warte ja schon eine Ewigkeit! Ich muss dir unbedingt sagen, dass das Fußballspiel verschoben wurde. Es ist jetzt schon um 14.00 Uhr. Der Bus holt uns daher schon um 13.30 Uhr ab, damit wir rechtzeitig zum Spiel da sind. Soll ich dich abholen kommen und gehen wir dann gemeinsam zur Bushaltestelle?" Bernd spricht sehr schnell und sehr undeutlich, sodass Thomas nur die Hälfte versteht. Thomas ist mit seinen Gedanken außerdem bei seinen Hausaufgaben, deshalb hört er auch nicht richtig zu. „Das ist nicht nötig", sagt Thomas. Bernd legt einfach auf.

Beantworte nun die Fragen:

1) Wie müsste Bernd sich richtig vorstellen am Telefon?

----

2) Wie müsste Bernd höflich nach seinem Freund fragen?

----

3) Bernd spricht zu schnell. Was ist die Folge?

----

4) Wie müsste sich Bernd richtig verabschieden?

----

5) Thomas hat Bernd nicht gut verstanden. Was müsste er tun?

Gute
Umgangsformen
Rollenspiele

Am Telefon

Baustein 4

SPIEL!

Rollenspiele

Verhalten lässt sich am leichtesten in Form von Rollenspielen einüben.

Hier einige Anregungen:

Rollenspiele am Telefon:

Ihr braucht zwei Telefone und zwei Kinder.
Wechselt euch ab!

Sich vorstellen, begrüßen und verabschieden

Übt miteinander, wie man sich am Telefon richtig vorstellt, begrüßt und verabschiedet.

Eine Nachricht aufschreiben

Die Buchhandlung Becker ruft an und teilt mit, dass die bestellten Bücher zum Abholen bereitliegen. Solche Nachrichten musst du aufschreiben, damit du sie später nicht vergisst.

Jemand anderen ans Telefon holen

Wenn du jemand anderen ans Telefon holen musst, dann musst du das sagen und darfst nicht einfach den Hörer hinknallen.
„Moment bitte, ich hole meinen Bruder!"

Nicht verstanden

Wenn du den Namen des Anrufers oder eine Nachricht nicht verstanden hast, dann musst du nachfragen.
„Wie war ihr Name bitte?"
„Entschuldige, ich habe dich nicht verstanden!"

Unterlagen holen

Wenn du das Buch holst, um die Hausaufgaben zu erklären, dann musst du das sagen, der Anrufer kann dich ja nicht sehen.
„Moment bitte, ich hole das Buch und bin gleich wieder da!"

Falsch verbunden

Wenn du die falsche Nummer gewählt hast, dann darfst du nicht einfach auflegen. „Entschuldigung, ich habe mich verwählt! Auf Wiederhören!" Wenn dich irrtümlich jemand angerufen hat, dann sagst du am besten: „Macht nichts! Auf Wiederhören!"

Baustein **5**

Tischmanieren

⇨Kannst du einen Tisch richtig decken?

Weißt du, wo Messer, Gabel und Löffel hingehören und wo das Glas steht?
Zeichne auf ein Blatt Papier einen gedeckten Tisch. Wenn alles richtig ist, dann
hast du dir ein Abzeichen verdient. Du kannst es hier entwerfen.

Wissensquiz: Tischmanieren

➡ **Runde 1** *Beantworte die Fragen. Du kannst auch raten, wenn du die Antwort nicht weißt!*

Frage 1 *Wie sitzt man richtig bei Tisch? Kreuze an!*

a)

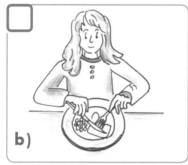
b)

c)

Frage 2 *Auf welchem Bild liegt das Besteck richtig?*

a)

b)

c)

Frage 3 *Wie musst du Messer und Gabel auf den Teller legen, wenn du zeigen willst, dass du mit dem Essen fertig bist? Kreuze an!*

a)

b)

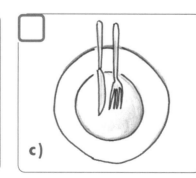
c)

Frage 4
Warum sollte man bei Tisch nicht mit offenem Mund kauen?

a) Weil andere sonst auch Hunger bekommen könnten. ☐
b) Weil durch den Luftzug das Essen zu schnell kalt wird. ☐
c) Weil es unappetitlich aussieht. ☐

Frage 5
Alle Arten von Schlürfen, Rülpsen, Grunzen, Schmatzen solltest du bei Tisch vermeiden. Wieso eigentlich?

a) Weil die anderen dadurch Heißhunger auf dein Essen bekommen und es dir vielleicht wegnehmen. ☐
b) Weil die Essgeräusche den anderen den Appetit verderben. ☐
c) Weil dadurch deine Zähne zu schnell abgenutzt werden. ☐

Frage 6
Wohin mit dem Kaugummi beim Essen?

_____

_____

Frage 7
Was macht man mit der Serviette?

a) Die Brille putzen. ☐
b) Die Lippen abwischen. ☐
c) Als Taschentuch verwenden. ☐

Frage 8
Warum sollte man sich vor dem Essen die Hände waschen?

a) Weil schmutzige Hände unappetitlich aussehen. ☐
b) Weil sich im Schmutz Bakterien tummeln, die krank machen können. ☐
c) Weil es deine Eltern sagen. ☐

Lösungen

 Antwort 1

Bild b) ist richtig. Sitz aufrecht bei Tisch, ohne unruhig hin und her zu rücken oder einen Fuß auf dem Sessel oder der Bank zu haben. Stell deine Beine nebeneinander auf den Fußboden und wickle sie auch nicht um die Stuhlbeine.

Unhöflich ist auch das Lümmeln bei Tisch, das Abstützen der Ellbogen auf dem Tisch und das Zeitunglesen während des Essens. Fuchtle auch nicht mit dem Besteck herum. Da könntest du leicht jemanden verletzen.

 Antwort 2

Bild a) ist richtig. Rechts liegt das Messer mit der Schneide nach innen und der Löffel. Links liegt die Gabel. Die Serviette kann entweder gefaltet auf dem Teller oder in einem Serviettenring liegen. Der Dessertlöffel liegt über dem Teller. Rechts steht das Glas.

 Antwort 3

Bild b) ist richtig. Benutztes Besteck bitte nie auf den Tisch legen. Wenn du zeigen möchtest, dass du mit dem Essen fertig bist, dann lege das Besteck nebeneinander auf der rechten Seite des Tellers, etwa in der „Fünf-Uhr-Position", ab: Die Gabel zuerst und dann das Messer. Die Gabelzinken weisen nach oben. Die Schneide des Messers ist immer nach innen gerichtet. Somit weiß der Kellner im Restaurant, dass er jetzt abservieren kann.

Bild a) zeigt, dass du noch weiteressen wirst und gerade eine Pause einlegst. Dabei liegt die Gabel über dem Messer. Die Gabelzinken weisen ebenfalls nach oben. Wenn du das Besteck falsch hinlegst, kann es dir passieren, dass du dir das beste Stück bis zum Schluss aufhebst und der Kellner schnappt es dir vor der Nase weg.

 Antwort 4

Antwort c) ist richtig. Es sieht unappetitlich aus. Mit vollem Mund spricht man nicht! Leuten, die mit vollem Mund reden, passiert es manchmal, dass sie ihre Gesprächspartner versehentlich anspucken. Das muss ja nun wirklich nicht sein. Also Mund zu beim Kauen und erst reden, wenn du den Bissen hinuntergeschluckt hast.

Christa Koppensteiner: Gute Umgangsformen ab Klasse 3
© Brigg Pädagogik Verlag GmbH, Augsburg

Gute Umgangsformen

Lösungen

 Antwort 5

Antwort b) ist richtig! Schlürfen, Grunzen und Schmatzen bleibt den Schweinen vorbehalten und rülpsen dürfen nur die Babys. Denn sicher findest auch du den unangenehmen Geruch eines Rülpsers ekelhaft. Also erspare ihn auch den anderen!

 Antwort 6

Runterschlucken wäre eine Möglichkeit, aber das mag nicht jeder. Auf gar keinen Fall klebt man ihn auf Geschirr, ein Glas, einen Stuhl oder unter den Tisch. Jeder Kaugummi ist in Papier eingewickelt, das hebt man auf, um den gebrauchten Kaugummi darin einzuwickeln und in den Mülleimer zu schmeißen. Ein Stückchen Papier oder ein Stück von der Serviette sind dafür auch geeignet. Am besten machst du das, bevor du dich an den Tisch setzt.

 Antwort 7

b) ist richtig. Die Serviette wird nicht als Taschentuch oder als Putz-tuch genutzt. Man steckt sie auch nicht in den Hemdkragen oder bin-det sie um den Hals, um sie als Lätzchen zu benutzen. Die Serviette liegt auf dem Schoß, um die Kleidung zu schützen.

 Antwort 8

a) und b) sind richtig. Merk dir einfach das Sprichwort: „Nach dem Klogehen, vor dem Essen – Händewaschen nicht vergessen!" Natürlich sollten auch deine Fingernägel sauber sein.

Christa Koppensteiner: Gute Umgangsformen ab Klasse 3
© Brigg Pädagogik Verlag GmbH, Augsburg

Gutes Benehmen bei Tisch

➡ *Was ist denn hier los? Beschreibe die Bilder!*
Nur ein Bild zeigt richtige Tischmanieren. Male es an!

a)

b)

c)

d)

e)

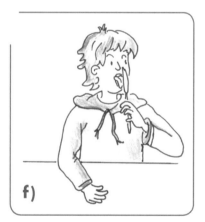
f)

g)

h)

i)

Geschichte: Benehmen bei anderen zu Hause

Ein Gast ohne Manieren!

„Darf Claudia nach der Schule gleich mit dem Bus mit mir nach Hause fahren?", fragt Sabine. Die Mutter ist einverstanden.

Die beiden Mädchen spazieren bei der Tür herein. „Hallo", grüßt Sabine, „wir sind da!" Claudia setzt sich wortlos an den Tisch. Bedauernd nimmt sie ihren Kaugummi aus dem Mund und klebt ihn auf den Tellerrand.
„Magst du Pizza?", fragt Sabines Mutter. „Nicht so gerne!", antwortet Claudia leise. Zuerst gibt es eine Nudelsuppe. Claudia hat sich gemütlich hingesetzt. Den einen Fuß hat sie auf die Bank gelegt, der andere baumelt lässig hin und her. Da sie müde ist, stützt sie den Kopf mit der Hand ab. Die Suppe ist sehr heiß. Claudia schlürft sie hinein.
Obwohl sie Pizza nicht so gerne mag, nimmt sie sich trotzdem ein großes Stück. Claudia blickt sich suchend um. „Haben Sie denn kein Ketchup?", fragt sie dann bestürzt. „Tut mir leid, das ist uns ausgegangen", antwortet Sabine. Nun ist Claudia richtig sauer. Zuerst bekommt sie eine Pizza aufgetischt, die sie nicht besonders mag und dann auch noch ohne Ketchup. „Eine Pizza ohne Ketchup. Das ist wirklich unmöglich", denkt Claudia und schüttelt missbilligend den Kopf. Sie schneidet die Pizza in kleine Stückchen und schiebt sie missmutig auf ihrem Teller hin und her. Jeder kann sehen, dass sie nicht essen mag. „Kann ich ein Glas Saft haben?", fragt sie und trinkt es gleich in einem Zug leer. Dann rülpst sie laut. Mit dem Handrücken wischt sie sich den Mund ab. „Ich bin fertig!", verkündet sie dann und springt auf. „Ich werde in deinem Zimmer auf dich warten, bis du auch fertig bist!", sagt sie zu Sabine und verlässt den Tisch. „Das ist ja grauenhaft", stellt die Mutter fest. „Deine Freundin hat ja überhaupt keine Manieren!"

Frage 1
Wie müsste sich Claudia höflich verhalten? Beantworte die Fragen!
Was hat Claudia vergessen, als sie bei der Tür hereinkam?

Frage 2
Wohin gehört der Kaugummi?

Frage 3

Wie sollte Claudia richtig bei Tisch sitzen?

Frage 4

Claudia schlürft die Suppe.
Wie isst man sehr heiße Suppe denn am besten?

Frage 5

Wie könnte sich Claudia höflich beim Mittagessen verhalten?

a) Sie nimmt sich ein großes Stück Pizza und würgt es hinunter, damit sie zeigt, wie höflich sie ist. ☐

b) Sie erklärt, dass sie eine Pizza ohne Ketchup leider nicht essen kann. ☐

c) Sie nimmt sich nur ein kleines Stück Pizza und isst es auf, auch ohne Ketchup. ☐

Frage 6

Wie könnte Claudia höflich nach einem Glas Saft fragen?

Frage 7

Ist es richtig, dass Claudia sich mit dem Handrücken den Mund abwischt?

Frage 8

Findest du es höflich, dass Claudia den Mittagstisch verlässt, bevor die anderen auch fertig sind?

Rollenspiele

Verhalten lässt sich am leichtesten in Form von Rollenspielen einüben.

Hier einige Anregungen:

 Tischleindeckdich

Lernziel: Einen Tisch richtig decken und feststellen, dass das Essen an einem schönen Tisch Freude macht; Bestecksprache.
Die Kinder decken einen Tisch.
Sie lernen, Servietten zu falten, Blumen zu arrangieren, Bestecke an den richtigen Platz zu legen und Gläser oder Becher an den richtigen Platz zu stellen.
Danach essen die Kinder ihr Pausenbrot an dem schön gedeckten Tisch und überlegen, wie sie sich dabei fühlen!
Sie lernen auch, wie sie das Besteck legen müssen, wenn sie mit dem Essen fertig bzw. noch nicht fertig sind.

Gäste einladen – wir gestalten eine Einladung

Lernziel: Die Kinder stellen fest, dass es Spaß macht, Gäste zu haben.
Die Kinder basteln eine Einladung zu ihrer nächsten Geburtstagsfeier.
Besprochen wird, welche Inhalte eine Einladung haben sollte und was man mit der Einladung erreichen möchte.

Gäste bewirten

Lernziel: Die Kinder lernen, dass es schön ist, Gäste zu haben und dass man, wenn man Gäste einlädt, auch selber eingeladen wird.
Die Kinder lernen in Rollenspielen die Begrüßung der Gäste. Sie bieten Speisen und Getränke an und unterhalten sich bei Tisch. Nachher werden die Gäste verabschiedet.

Zu Gast bei Freunden

Lernziel: Die Kinder lernen, dass man sich als Gast zurückhaltender verhält als zu Hause und sie lernen respektvolles, höfliches Benehmen dem Gastgeber gegenüber.

Übung: Höflich um ein Getränk bitten; eine Nachspeise ablehnen.

Lösungen

◻ Baustein 1 **Höfliches Benehmen**

Seite 14: *1b), 2c), 3d), 4a), 5e)*
Seite 15: *6k), 7f), 8g), 9i), 10h)*
Seite 18: *1a), 2a) und b), 3b), 4a) und b), 5a)*
Seite 19: *6a), 7b), 8b), 9a), 10c)*

◻ Baustein 2 **Hilfsbereitschaft**

Seite 24: *Auf den Bildern b), c), d), e) und f) sind die Kinder hilfsbereit.*

Seite 27: *1a) Ihr die Tür aufhalten, ihr tragen helfen.*
1b) Sie mitschauen lassen.
1c) Ihm die Hausaufgaben bringen, ihn informieren, was in der Schule war, mit ihm lernen.
1d) Ihm die Schultasche, Hefte und Bücher tragen, ihm beim Anziehen helfen.
1e) Nette Dinge zu ihm sagen, mit ihm spielen, ihn mitspielen lassen, sich für ihn interessieren, ihn einladen, rücksichtsvoll sein.

◻ Baustein 3 **Umgang mit Streit**

Seite 32: *Bildergeschichte: Petzen: Darüber reden, dass Freunde einander nicht verraten und dass Geheimnisse nicht ausgeplaudert werden dürfen. Freunde müssen sich an solche Grundregeln halten.*

Seite 33: *Frage 1: Mütze: Ruhig bleiben, tief durchatmen und nicht darauf eingehen, dann ist das Spiel für Raffaela auch nicht interessant, evtl. um Hilfe bitten. Musik: Florian könnte höflich fragen, ob Raffaela die Musik leiser stellen kann, evtl. um Hilfe bitten. Spiel: Florian könnte sich entschuldigen, weil es ja nicht Absicht war.*

◻ Baustein 4 **Richtiges Verhalten beim Telefonieren**

Seite 44: *1e), 2f), 3b), 4a), 5c), 6d)*

Seite 45: *Lösungsvorschlag:*
1. „Guten Tag! Hier spricht Bernd Huber."
2. „Darf ich bitte Thomas sprechen?"
3. Man kann ihn nicht gut verstehen.
4. „Tschüss, bis später!"
5. Er müsste noch einmal nachfragen.

◻ Baustein 5 **Tischmanieren**

Seite 52: *Bild e) zeigt richtige Tischmanieren.*
Seite 53: *1. Sie hat vergessen zu grüßen.*
2. Sie sollte den Kaugummi einwickeln und in den Mülleimer werfen.
Seite 54: *3. Gerade, die Füße unter dem Tisch.*
4. Warten bis sie auskühlt. Vorsichtig umrühren.
5. c)
6. „Darf ich bitte ein Glas Saft haben?"
7 . Nein, dazu benutzt man eine Serviette.
8. Nein. Sie sollte warten, bis alle fertig sind.

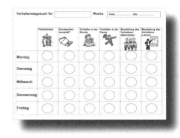